Tiomnú
Do Kuba, Justyna & Wojtek Moskal & Muintir Chomhraí

©Foras na Gaeilge, 2009
ISBN 978-1-85791-741-3
Maisiú, dearadh, clóchur & leagan amach: Rain Communications
Future Print a chlóbhuail in Éirinn

Gabhaim buíochas leis an gComhairle Ealaíon, le Ania Wróbel & Łukasz Kaczmarczyk

Má tá a thuilleadh eolais uait faoin bPolainn tá suíomh ag Tarlach ag
www.agtaistealletarlach.com

Maidir le fótagraif a úsáideadh sa leabhar seo, rinneamar ár ndícheall teacht ar úinéirí cóipchirt lena gcead a fháil,
agus i gcás nár éirigh linn teacht ar úinéir cóipchirt táimid sásta na gnáthshocruithe a chomhlíonadh ach é a dhul i dteagmháil linn.

Le fáil ar an bpost uathu seo:

nó

An Siopa Leabhar
6 Sráid Fhearchair,
Baile Átha Cliath 2.
ansiopaleabhar@eircom.net

An Ceathrú Póilí
Cultúrlann Mac Adam-Ó Fiaich
216 Bóthar na bhFál
Béal Feirste BT12 6AH
leabhair@an4poili.com

Orduithe ó leabhardhíoltóirí chuig:

Áis,
31 Sráid na bhFíníní,
Baile Átha Cliath 2.
eolas@forasnagaeilge.ie

An Gúm, 24-27 Sráid Fhreidric Thuaidh, Baile Átha Cliath 1.

Ag Taisteal le Tarlach Sa Pholainn

Laoise Ní Chomhraí

Barry Murphy
a rinne na pictiúir

G An Gúm
Baile Átha Cliath

20 NOLLAIG

Dia daoibh, a chairde. Tá mé anseo san aerfort arís. An uair seo, is go dtí an Pholainn atá mé ag dul. Tá mé ag tnúth go mór leis an turas.

Dia daoibh. Is mise Adaś. Is as an bPolainn dom. Bhog mo mhuintir go hÉirinn anuraidh. Táimid inár gcónaí béal dorais le Tarlach agus tá mé féin agus Tarlach sa rang céanna ar scoil. Táimid ag dul ar cuairt chuig mo Mhamó.

6

Tháinig San Nioclás chugamsa ar an séú lá de mhí na Nollag leis an dá thicéad. Sin an lá a thagann sé chugainn sa Pholainn. **Mikołajki** a thugtar ar an bhféile. Bhí faitíos orm nach dtiocfadh sé chugam i mbliana mar gheall ar mé a bheith in Éirinn. Tá an t-ádh ar mhuintir na Polainne, mar ní hamháin go dtagann San Nioclás ar an séú lá, ach tagann aingeal Oíche Nollag freisin agus fágann sé a thuilleadh bronntanas!

Ba cheart an córas sin a thosú in Éirinn!

7

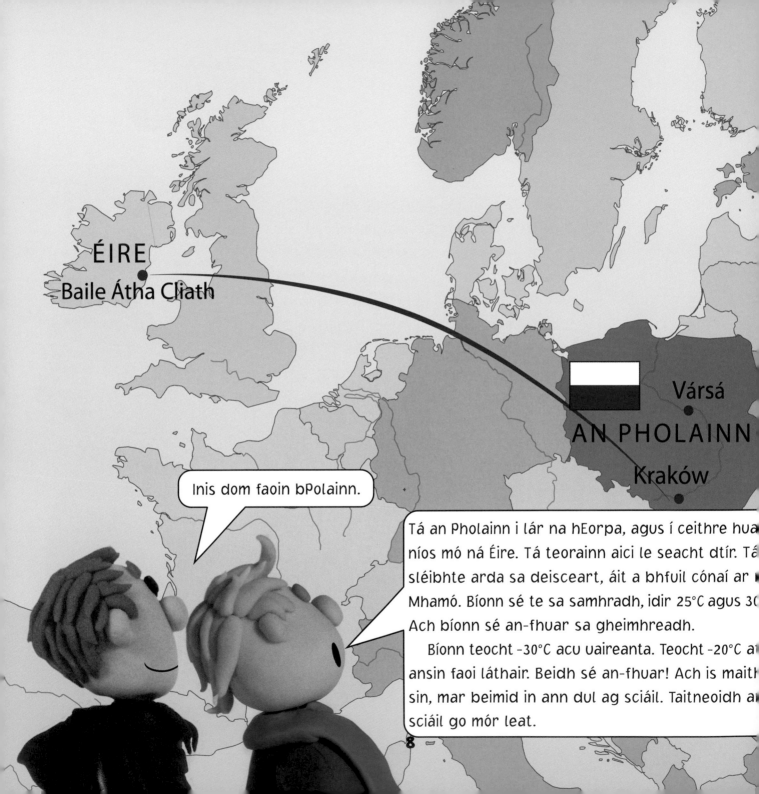

ÉIRE
Baile Átha Cliath

Vársá

AN PHOLAINN

Kraków

Inis dom faoin bPolainn.

Tá an Pholainn i lár na hEorpa, agus í ceithre hua
níos mó ná Éire. Tá teorainn aici le seacht dtír. Tá
sléibhte arda sa deisceart, áit a bhfuil cónaí ar
Mhamó. Bíonn sé te sa samhradh, idir 25°C agus 30
Ach bíonn sé an-fhuar sa gheimhreadh.

Bíonn teocht -30°C acu uaireanta. Teocht -20°C a
ansin faoi láthair. Beidh sé an-fhuar! Ach is maith
sin, mar beimid in ann dul ag sciáil. Taitneoidh a
sciáil go mór leat.

8

Féach, thug mo mháthair airgead Polannach dom. Thug sí céad **Złoty** dom! Nach mé atá saibhir?

Is fíor go gciallaíonn **Złoty** 'ór', ach níl tú leath chomh saibhir is a cheapann tú. Níl agat ansin ach timpeall cúig euro is fiche!

B'fhiú dúinn an Pholainnis a chleachtadh sa chaoi go mbeidh tú in ann labhairt le mo Mhamó nuair a bhuaileann tú léi.

10

Tá siad ag cócaráil go leor cineálacha feola ag an seastán seo. Beidh tú in ann **kiełbasa** a thriail. Nó, ar mhaith leat cáis a thriail? Cáis dheataithe atá ansin. Is féidir í a ithe fuar nó te.

Ba mhaith liom ceann de na maisiúcháin Nollag seo a cheannach do mo mháthair. An ceann sin leis an séipéal, ceapaim.

Éist! Sin an **hejnał**. Tá duine ag seinm trumpa sa túr is airde sa séipéal sin thall, **Kościół Mariacki**. Seinneann siad chuile uair an chloig é.

Bhí trumpadóir fadó ag iarraidh rabhadh a thabhairt do mhuintir Kraków go raibh na Tataraigh ar tí an baile a ionsaí. Ach sádh sa scornach é le saighead agus fuair sé bás sula raibh an ceol críochnaithe aige. Ní sheinntear deireadh an phíosa ó shin i leith.

Ó, sin an fáth ar stop sé chomh tobann sin?

Tá mise reoite. Nach bhfuil sibhse fuar?

Rachaimid isteach san iarsmalann anseo ar feadh cúpla nóiméad agus aireoidh tú níos teo.

15

An-spéisiúil... Céard iad? Cé a rinne iad?

Szopki is ea iad. Daoine as Kraków a rinne iad. Bíonn comórtas ann mí na Nollag chuile bhliain. Seo iad na cinn a ghnóthaigh an comórtas le cúpla bliain anuas. Bhídís á ndéanamh fadó le go bhféadfaí iad a iompar ó bhaile go baile agus dráma na Nollag a chur ar siúl do na daoine. Bíonn cuid de na maisiúcháin bunaithe ar scéalta Kraków, mar shampla sin **Pan Twardowski** a rinne margadh leis an diabhal! D'imir an diabhal cleas air agus bhí sé ar a bhealach síos go hIfreann ach gur ghlac Dia trua dó, agus chuir sé suas ar an nGealach é. Is ann atá sé ó shin, agus é ag breathnú anuas orainn.

16

Cathain a thosaíonn gasúir ag dul ar scoil anseo?

Tosaíonn cuid de na gasúir sa naíonra nuair a bhíonn siad trí bliana, nó níos óige fiú. Caithfidh gach duine freastal ar rang a náid nuair atá siad sé bliana d'aois.

Foghlaimíonn siad leis na litreacha a scríobh, sumaí simplí a dhéanamh agus rudaí eile a chabhróidh leo sa bhunscoil. Téann siad ar an mbunscoil ansin, agus ar an **gimnazjum** agus ar an **liceum** nuair a bhíonn siad níos sine.

21

21 NOLLAIG

Taitneoidh Caisleán **Wawel** leat mar feicfidh tú airm agus éide saighdiúirí ann. Gabhfaimid isteach san iarsmalann agus feicfidh tú éide chogaidh na **Husaria**, an marcshlua trom ab fhearr san Eoraip.

Cén fáth a gcaithidís na cleití sin?

Chun scanradh a chur ar a naimhde. Dhéanadh na cleití gleo agus iad ag marcaíocht. Tá bailiúchán breá anseo. Tá pící, claimhte agus gunnaí móra ann, agus neart rudaí a tugadh ar ais ó Chath Vín sa bhliain 1683. B'in an cath ba thábhachtaí a bhuaigh siad. In aghaidh na Tuirce a bhí siad ag troid. Tá puball anseo acu ón am sin freisin. Seachain! Á, a phleidhce! Tá na pící uilig leagtha agat!

22

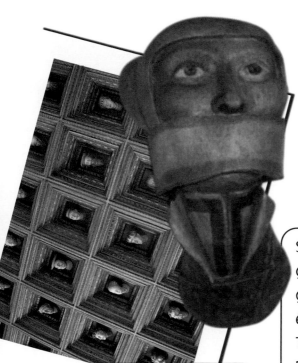

Tá rud anseo ba mhaith liom a thaispeáint duit. Féach suas ansin ar an tsíleáil. Nach bhfuil na cloigne sin ar fheabhas? Deir an garda go mbíodh suas le dhá chéad cloigeann ann. Níl ann anois ach tríocha.

Féach an cloigeann baineann sin, agus banda ar a béal. An é go mbíodh an iomarca le rá aici?

Sin díreach é! Gabhadh bean agus cuireadh ina leith gur ghoid sí crios sa mhargadh. Shéan sí é. Dúirt sí gur lig gadaí dó titim agus é ag éalú, agus gur phioc sise suas é lena thabhairt ar ais don cheardaí. Níor chreid siad í. Tugadh i láthair an rí í. Níor chreid seisean í ach an oiread. Bhí sé ar tí í a chaitheamh i bpriosún nuair a chualathas glór: 'Bí cóir, a rí. Bí cóir.' Bhí ionadh an domhain orthu. Bhreathnaigh siad suas ar an tsíleáil agus chonaic siad go raibh an cloigeann adhmaid ag caint. Thuig siad ansin go raibh an bhean neamhchiontach agus scaoileadh saor í. Ach cuireadh banda adhmaid ar bhéal an chloiginn adhmaid.

Ar mhaith leat siúl timpeall an chaisleáin anois? Rachaimid amach trí phluais an dragain ansin.

Dragan! An bhfuil an dragan fós ann?

Níl. Mar seo a tharla.

Fadó, fadó bhí prionsa darbh ainm **Krak** ina chónaí sa chathair seo, **Kraków**. Bhí sé ina chónaí sa chaisleán mór ar chnoc **Wawel** ar bhruach na Viostúile. Tugadh scéal uafáis chuige lá: go bhfaca duine éigin dragan mór millteach in aice na habhann. Bhí deatach agus tine ag teacht amach as a bhéal. Thuig Krak ar an toirt gurbh in an fáth a raibh caoirigh, ba agus daoine fiú ag dul ar iarraidh le tamall. Chuir sé fios ar an bhfear agus cheistigh sé é. Chuir Krak fios ar a chuid comhairleoirí ansin agus pléadh an scéal. Socraíodh go ndéanfadh na ridirí ba chróga an dragan a mharú.

An mhaidin dár gcionn chuaigh gach duine síos chuig an bpluais. Shiúil an chéad ridire isteach sa phluais. D'fhan gach duine go dtiocfadh sé amach … ach níor tháinig. Chuaigh beirt eile isteach ansin, ach níor tháinig ceachtar acusan amach ach an oiread.

Dúirt Krak ansin go dtabharfadh sé a iníon le pósadh don duine a bheadh in ann an dragan a mharú. Níorbh fhada gur thosaigh na sluaite ag triall ar Kraków ag iarraidh an dragan a mharú ach theip orthu uilig.

Thosaigh Krak ag éirí an-imníoch, agus rith sé leis go mbeadh air féin an dragan a mharú. Fad a bhí sé á réiteach féin, tháinig gréasaí óg isteach chun labhairt leis. Dúirt an gréasaí go raibh plean aige féin, ach go dteastódh craiceann caorach uaidh.

Thosaigh an gréasaí ag obair ar an bpointe boise. Ar dtús d'fhuaigh sé an craiceann ina mhála mór. Ansin líon sé an mála le sulfar agus d'fhuaigh sé an oscailt a bhí fágtha. Chuaigh sé chuig an bpluais ansin agus d'fhág sé 'an chaora' ann. D'fhan sé go bhfeicfeadh sé céard a tharlódh. Nuair a tháinig an dragan amach as an bpluais, chonaic sé 'an chaora'. Bhí ocras an domhain air agus shlog sé 'an chaora'. Ach thosaigh an sulfar ag dó a bhoilg. Thosaigh an dragan ag ól uisce leis an bpian a mhaolú. Lean sé air ag ól agus ag ól go dtí gur phléasc sé. CABÚM!

Bhí áthas an domhain ar mhuintir Kraków. Bhí an dragan marbh agus bhí gach duine slán sábháilte arís. Phós an gréasaí iníon Krak agus bhí féasta mór acu.

Cé na spóirt eile a thaitníonn le daoine anseo? Chonaic mé daoine ag sciáil agus ag clársciáil ar an sneachta. Agus bhí daoine craiceáilte ag rothaíocht síos an sliabh sa sneachta!

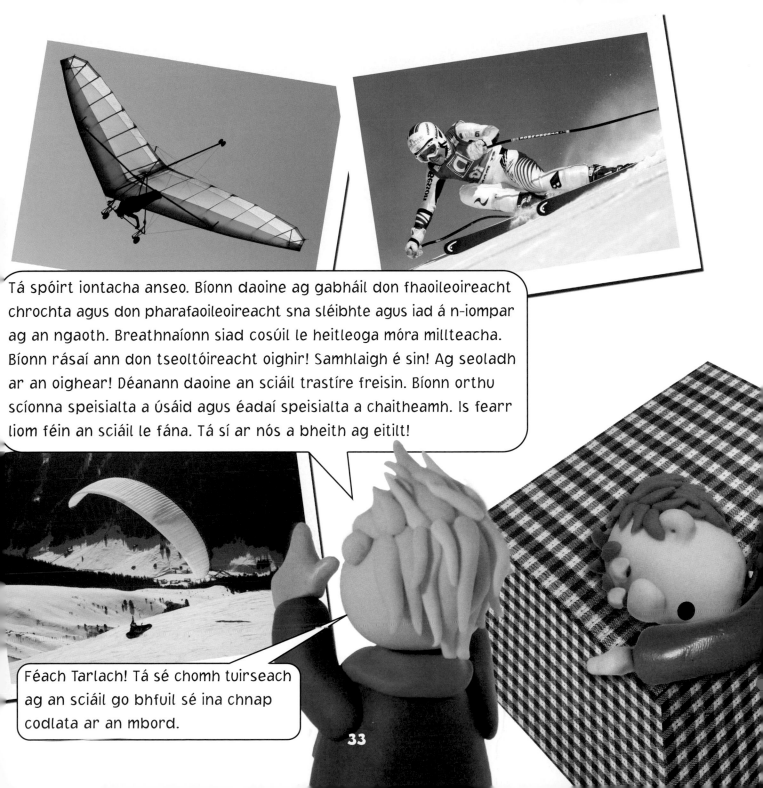

Tá spóirt iontacha anseo. Bíonn daoine ag gabháil don fhaoileoireacht chrochta agus don pharafaoileoireacht sna sléibhte agus iad á n-iompar ag an ngaoth. Breathnaíonn siad cosúil le heitleoga móra millteacha. Bíonn rásaí ann don tseoltóireacht oighir! Samhlaigh é sin! Ag seoladh ar an oighear! Déanann daoine an sciáil trastíre freisin. Bíonn orthu scíonna speisialta a úsáid agus éadaí speisialta a chaitheamh. Is fearr liom féin an sciáil le fána. Tá sí ar nós a bheith ag eitilt!

Féach Tarlach! Tá sé chomh tuirseach ag an sciáil go bhfuil sé ina chnap codlata ar an mbord.

Oíche Nollag

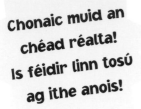

Chonaic muid an chéad réalta! Is féidir linn tosú ag ithe anois!

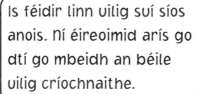

Optatek a thugtar ar na habhlanna seo. Bain thusa píosa den abhlann atá agamsa agus tógfaidh mise píosa den abhlann sin atá agatsa. Déan guí ar mo shon ansin, agus déanfaidh mise guí ar do shonsa. Bogfaimid ar aghaidh ansin go dtí an chéad duine eile.

Is féidir linn uilig suí síos anois. Ní éireoimid arís go dtí go mbeidh an béile uilig críochnaithe.

36

Seo **barszcz.** Anraith biatais atá ann. Itheann tú **pierogi** leis. Is cineál ravioli iad na **pierogi.**

Tá an t-anraith sin an-mhilis. Nach mbíonn aon turcaí agaibh don Nollaig?

Níl cead feoil a ithe inniu.

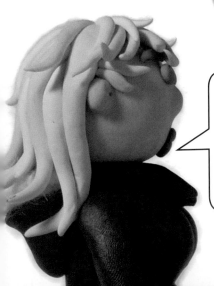

Seo **pierogi** agus iad líonta le muisiriúin, cabáiste agus **kasza.** Agus bíonn bealaí difriúla againn le scadáin a chóiriú, seo cúpla bealach.

38

Aithneoidh tú iad seo! Fataí agus sailéad de ghlasraí difriúla! Cabáiste le pónairí agus muisiriúin atá anseo. Agus tá cineál eile éisc anseo, carbán.

Sin **makowiec** an mhias dheireanach a bheidh againn. Beimid in ann na bronntanais a oscailt ansin!

Nuair a bhí na Cumannaithe i gceannas bhíodh ganntanas ann go minic, agus bhíodh ar dhaoine bia na Nollag a fháil sách luath, chun go mbeadh sé acu le haghaidh na Nollag. Cheannaíodh daoine carbán beo uaireanta agus bhíodh sé san fholcadán acu go dtí Oíche Nollag!

Tá gach rud ite anois againn. Déarfaimid paidir eile agus glanfaimid an bord. Breathnaigh faoi do phláta. Tá paicéad beag ann ina bhfuil gainne triomaithe carbáin. Cuir i do sparán é le go mbeidh tú saibhir sa bhliain amach romhainn.

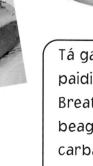

39

41

AN CORP

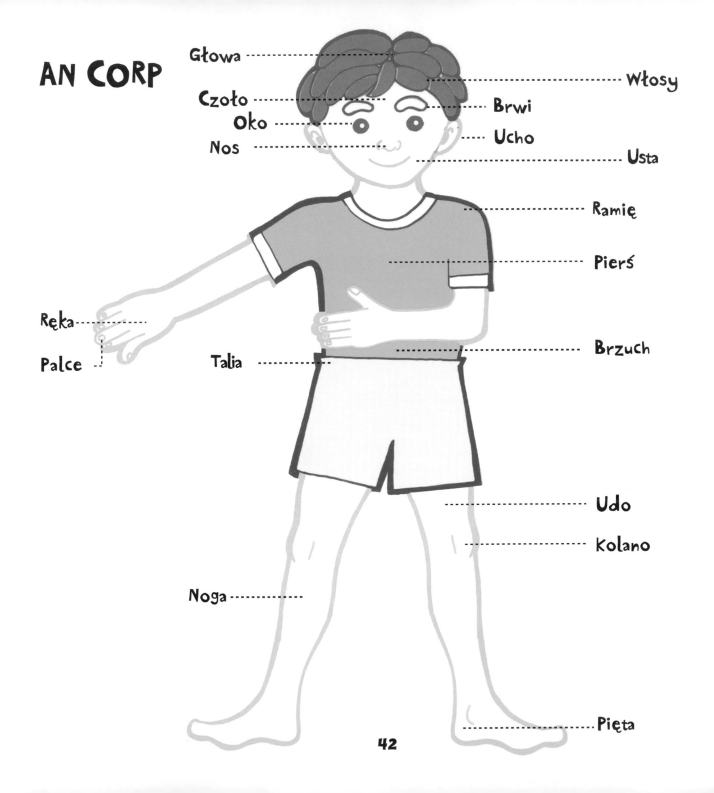

Głowa

Włosy

Czoło

Brwi

Oko

Ucho

Nos

Usta

Ramię

Pierś

Ręka

Palce

Talia

Brzuch

Udo

Kolano

Noga

Pięta

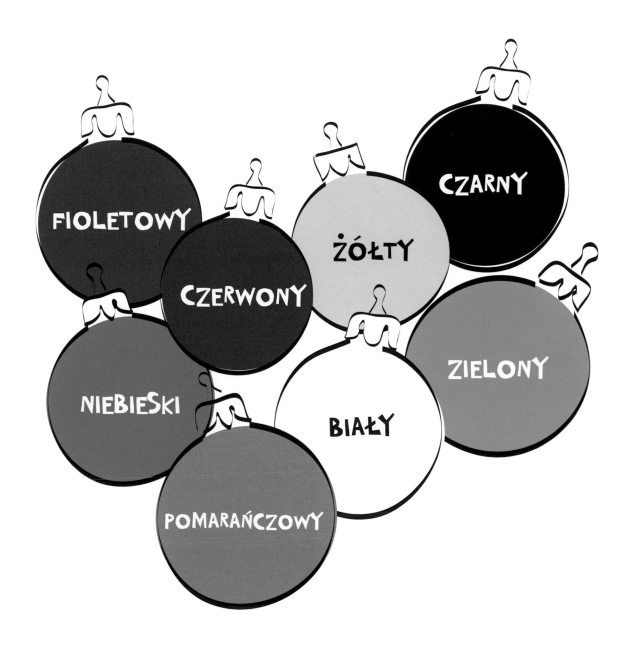

FIOLETOWY

CZERWONY

ŻÓŁTY

CZARNY

NIEBIESKI

BIAŁY

ZIELONY

POMARAŃCZOWY

43

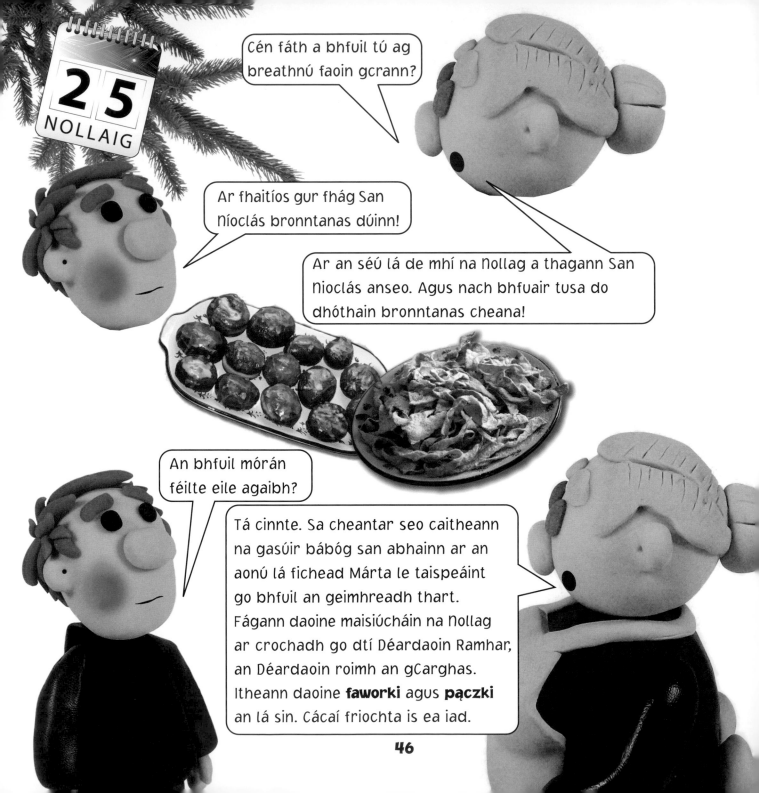

Bíonn dráma na Páise ar siúl in **Kalwaria Zebrzydowska** atá in aice le Kraków Déardaoin Naofa agus Aoine an Chéasta. Leanann na daoine an dráma thart ar feadh dhá lá. Caitheann cuid de na daoine coróin dheilgneach déanta as driseacha.

Satharn Cásca tugann na gasúir ciseáin ina bhfuil arán agus uibheacha agus dealbh bheag d'uan Dé go dtí an séipéal le go mbeannóidh an sagart iad. Itheann siad an bia beannaithe sin Domhnach Cásca.

Lany Poniedziałek a thugtar ar Luan Cásca, sin Luan fliuch. Bíonn daoine ag caitheamh uisce ar a chéile. **Śmigus-Dyngus** a thugtar ar an nós sin. Fliuchfar thú cinnte má théann tú amach an lá sin.

47

Céard atá i gceist leis an 'Ainm-lá' ar aon nós?

Tá sé sórt cosúil le breithlá. Bíonn dáta speisialta ann ag gach ainm ar leith. Nuair is é d'Ainm-lá féin é, tugann tú milseáin do na gasúir eile i do rang. Uaireanta bíonn fógra ar an mbus faoin Ainm-lá.

49

Sin torann aisteach. Céard é?

Sin an **Ratrak**. Cóiríonn sé an sneachta ionas go mbeidh daoine in ann dul ag sciáil amárach.

51

53

Triailfidh mé an carr sleamhnáin seo anois. Beidh sé i bhfad níos éasca. Triailfidh mé teacht aníos ar an ardaitheoir.

54

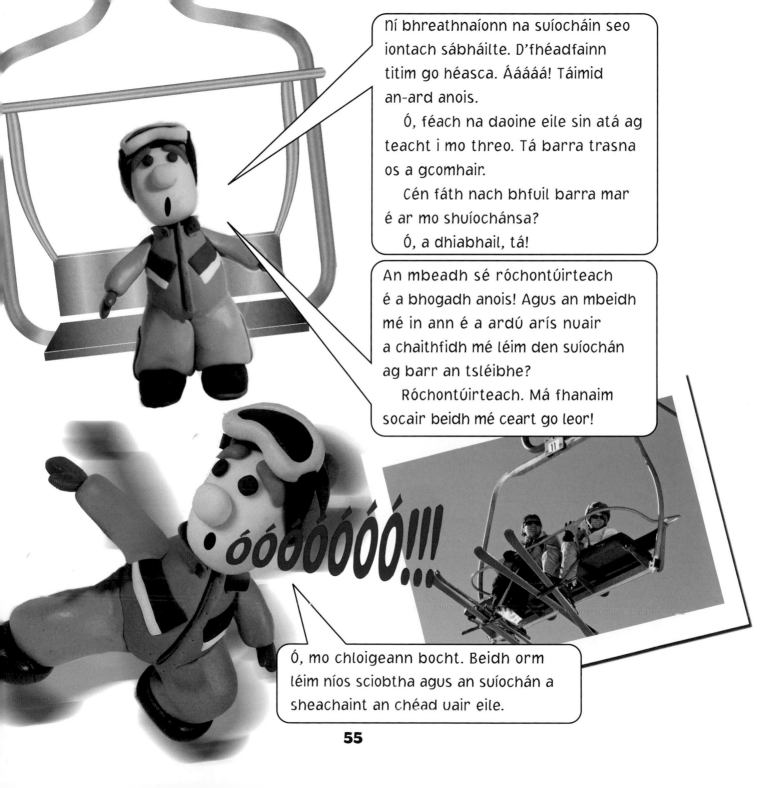

Ní bhreathnaíonn na suíocháin seo iontach sábháilte. D'fhéadfainn titim go héasca. Ááááá! Táimid an-ard anois.

Ó, féach na daoine eile sin atá ag teacht i mo threo. Tá barra trasna os a gcomhair.

Cén fáth nach bhfuil barra mar é ar mo shuíochánsa?

Ó, a dhiabhail, tá!

An mbeadh sé róchontúirteach é a bhogadh anois! Agus an mbeidh mé in ann é a ardú arís nuair a chaithfidh mé léim den suíochán ag barr an tsléibhe?

Róchontúirteach. Má fhanaim socair beidh mé ceart go leor!

Óóóóóó!!!!

Ó, mo chloigeann bocht. Beidh orm léim níos sciobtha agus an suíochán a sheachaint an chéad uair eile.

Rachaidh mé isteach sa bhialann seo agus suífidh mé in aice na tine.

Féach an séipéal adhmaid seo. Agus féach an mainséar taobh amuigh.

Tine! Nach bhfuil sé iontach a bheith te!

57

Thug mé turas ar **Oświęcim** mar ní raibh sé ach timpeall uair an chloig uainn. Thóg na Naitsithe campaí géibhinn Auschwitz-Birkenau in aice láimhe le linn an dara cogadh domhanda. Bhí príosúnaigh chogaidh ann ón Rúis, ón bPolainn agus ó thíortha eile na hEorpa. Bhí orthu foirgnimh a thógáil, díoga a ghlanadh, agus a bheith ag obair i monarchana agus a leithéid. Níor tugadh a ndóthain bia dóibh agus fuair go leor díobh bás den tinneas agus den ocras cé gur thriail muintir na háite cúnamh a thabhairt dóibh – uaireanta thugaidís bia do na príosúnaigh i ngan fhios. D'éirigh le roinnt daoine litreacha a sheoladh amach ag insint don saol mór céard go díreach a bhí ag tarlú sna campaí.

Seoladh go leor Giúdach ann ó thíortha ar fud na hEorpa lena gcur chun báis. Tógadh seomraí gáis go speisialta chuige sin. Ceaptar gur maraíodh idir milliún go leith agus dhá mhilliún duine sna campaí. Baineadh gach rud de na daoine tar éis dóibh tuirlingt de na traenacha ann. Bailíodh a gcuid maoine uile, agus tá cuid di le feiceáil i seomraí speisialta san iarsmalann. Áit ghruama atá ann.

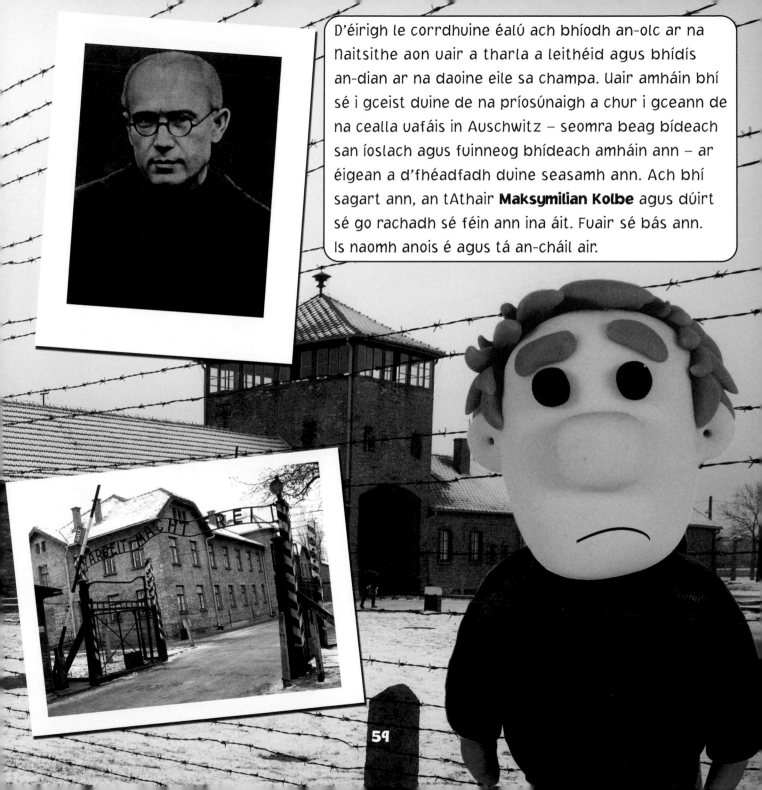

D'éirigh le corrdhuine éalú ach bhíodh an-olc ar na Naitsithe aon uair a tharla a leithéid agus bhídís an-dian ar na daoine eile sa champa. Uair amháin bhí sé i gceist duine de na príosúnaigh a chur i gceann de na cealla uafáis in Auschwitz – seomra beag bídeach san íoslach agus fuinneog bhídeach amháin ann – ar éigean a d'fhéadfadh duine seasamh ann. Ach bhí sagart ann, an tAthair **Maksymilian Kolbe** agus dúirt sé go rachadh sé féin ann ina áit. Fuair sé bás ann. Is naomh anois é agus tá an-cháil air.

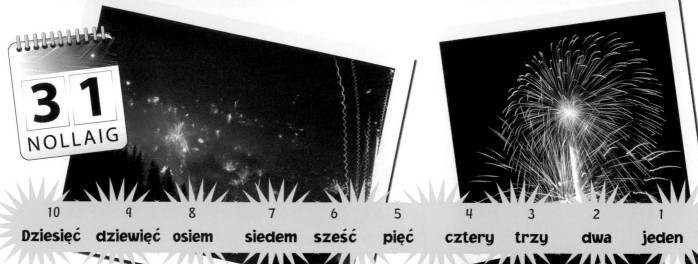

10	9	8	7	6	5	4	3	2	1
Dziesięć	dziewięć	osiem	siedem	sześć	pięć	cztery	trzy	dwa	jeden

Chuaigh muid go dtí óstán Oíche Chinn Bhliana ag éisteacht le banna ceoil agus bhí daoine ag caitheamh éadaí daite traidisiúnta. Bhí an ceol an-mhaith. Bhí píb uilleann acu, trumpaí, veidhlíní agus dordveidhlí. Bhí siad ag seinm ceoil agus ag casadh amhráin ag an am céanna!

athbhliain faoi Shéan agus faoi Mhaise!

Szczęśliwego Nowego Roku!

Ar uair an mheán oíche chuaigh gach duine amach ag breathnú ar na tinte ealaíne. Bhí siad ar fheabhas. Bhí tine chnámh mhór ann mar bhí sé an-fhuar, agus bhí gach duine ag guí gach rath ar a chéile don bhliain nua.

Thug muid cuairt ar **Wieliczka** ar an mbealach ar ais ó **Szczyrk** go **Kraków.** Tá mianach salainn ann atá chomh fada síos faoin talamh go mbíonn ort dul síos na céadta céim le teacht air. Tagann tú aníos san ardaitheoir.

Gearradh gach cineál dealbh as an salann, crann solais go fiú. Tá neart seomraí beaga ann agus dealbha suimiúla iontu.

Sin an suipéar déanach. Tá breith Íosa ann, agus an t-éalú chun na hÉigipte. Ach is é an séipéal an seomra is fearr go mór fada. Tá altóir shalainn ann chomh maith le dealbha soilsithe den Phápa Eoin Pól II agus de Mhuire. Agus tá scéalta as an mBíobla le feiceáil ar na ballaí. Póstar daoine thíos sa séipéal go fiú!

Pógann cuid de na fir lámha na mban nuair a bhuaileann siad leo.

Pógann mná agus fir a chéile ar an dá leiceann nuair a bhuaileann siad le chéile.

Tiomáineann daoine ar thaobh na láimhe deise den bhóthar.

Bíonn bothanna beaga ar an gcosán agus deochanna, milseáin agus ticéid bus ar díol iontu.

Caitheann daoine fáinne pósta ar an lámh dheas.

Scríobhann daoine 9 atá an-chosúil le g

Bíonn na comharthaí leithris difriúil: triantán ar leithreas na bhfear, agus ciorcal ar leithreas na mban.

Ba cheart duit daoine cáiliúla ón bPolainn a chur i do leabhar nótaí: **Fryderyk Chopin, Mikołaj Kopernik, An Pápa Eoin Pól II, Maria Skłodowska-Curie, Lech Wałęsa** agus **Henryk Górecki**.

Cén fáth a bhfuil siad cáiliúil?

Bhuel, cumadóirí ceoil ba ea **Fryderyk Chopin** agus **Henryk Górecki.**

Bhí **Lech Wałęsa** ina cheannaire ar **Solidarność**, ceardchumann a rinne go leor chun deireadh a chur le cumhacht na gcumannaithe sa tír.

Ghnóthaigh **Maria Skłodowska-Curie** duaiseanna Nobel san fhisic agus sa cheimic in 1903 & 1911. Rinne sí go leor oibre ar x-ghathanna. Úsáideann dochtúirí iad féachaint an bhfuil cnámh briste ag duine.

Ba é **Eoin Pól II** an chéad phápa as an bPolainn. Bhí sé go láidir i gcoinne an chumannachais. Thug sé cuairt ar an bPolainn in 1979 agus spreag sé na daoine chun saoirse a bhaint amach dóibh féin.

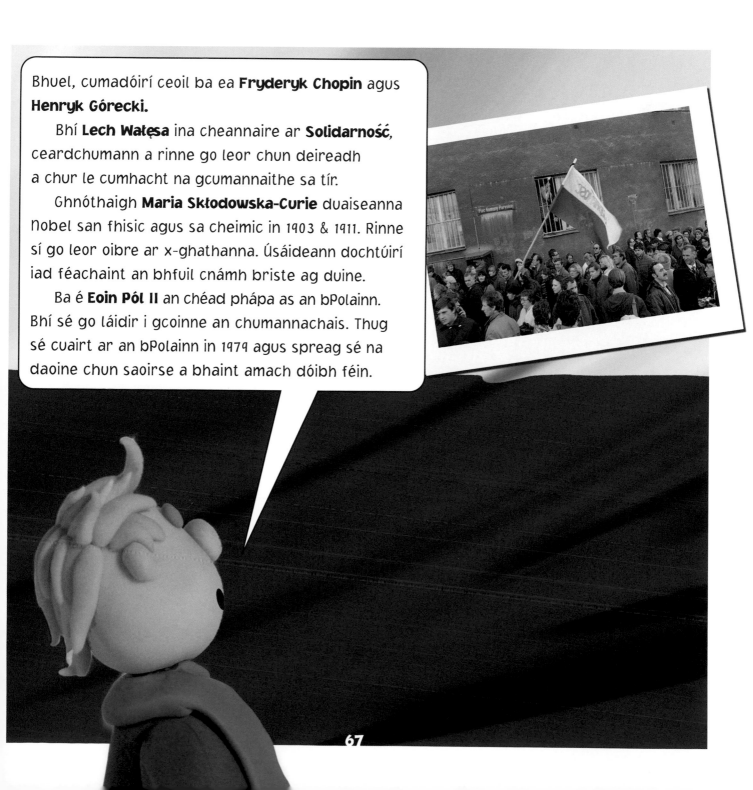

68

D'fhoghlaim mé ainmneacha roinnt tíortha as Seapáinis. An mbeadh na hainmneacha Polainnise agat orthu?

Tíortha

Polainnis	Fuaimniú	Gaeilge
Polska	Pól-sca	An Pholainn
Irlandia	Ír-lan-día	Éire
Szkocja	Shcot-sía	Albain
Kanada	Ca-na-da	Ceanada
Ameryka	A-mer-rí-ka	Meiriceá
Australia	Abh-stré-lía	An Astráil
Anglia	Ang-lí-a	Sasana

Is gearr go mbeimid san aer. An bhfuil tú sásta a bheith ag dul abhaile?

Tá..., ach ba bhreá liom dul ar cuairt go dtí tír éigin eile amach anseo. Meas tú, céard é an chéad áit eile a rachaidh mé?